Langenscheidt

Französisch – keine Hexerei

Eine Wörterlern-Geschichte für Kinder

Von Claudia Guderian (Text)
und Irmtraud Guhe (Zeichnungen)

Langenscheidt

Berlin · München · Wien · Zürich · New York

Adaptierung für die französische Ausgabe: Christiane Bernier Dechamps

Umwelthinweis: Gedruckt auf chlorfrei gebleichtem Papier
Titelgestaltung: Independent Medien-Design unter Verwendung von
Zeichnungen von Irmtraud Guhe

© 2002 by Langenscheidt KG, Berlin und München
Printed in Germany
ISBN 978-3-468-20366-4
www.langenscheidt.de
www.hexmail.org

Liebe Eltern, Großeltern, Lehrerinnen und Lehrer, ...

Europa wächst zusammen, die Kulturen rücken näher und Menschen aus verschiedensten Ländern tauschen sich aus. Was wäre da wichtiger, als Sprachen zu lernen? Damit können Kinder gar nicht früh genug anfangen, denn je jünger sie sind, desto leichter fällt es ihnen. In den meisten Grundschulen und auch in vielen Kindergärten wird daher schon eine Fremdsprache angeboten, und viele Eltern möchten ihren Kindern auch zu Hause die Möglichkeit bieten, sich mit der französischen Sprache vertraut zu machen. Dabei hilft Ihnen „Französisch – keine Hexerei".

Kinder sollten Französisch erst dann lesen lernen, wenn sie deutsche Texte sicher und gut lesen und schreiben können. „Französisch – keine Hexerei" ist daher als Hörspiel konzipiert: Auf zwei CDs wird die Geschichte von der deutschen Hexe Huckla erzählt, die durch einen Wirbelsturm nach Frankreich verschlagen wird. Dort lernt sie die französische Hexe Sorcéline kennen. Mit ihr erlebt sie so allerlei – und natürlich lernt sie mit ihr auch viele französische Wörter. Ihr Kind lernt beim Zuhören mit. Dennoch haben wir die Wörter auch im Buch abgedruckt – für größere Kinder oder für Erwachsene, die sich mit den Kindern die CDs anhören. Die Wörter sind immer in der Reihenfolge und in der Form abgedruckt, in der sie auch im Text vorkommen.

Beim Hören kann Ihr Kind sich zusätzlich die Bilder im Buch ansehen. Auf den Bildern gibt es allerhand zu entdecken. Wenn Sie das Buch gemeinsam ansehen, können Sie Ihr Kind ermutigen, das Bild zu beschreiben, einzelne Gegenstände zu suchen, die Episode weiterzuspinnen ... Je mehr das Kind sich auch auf Deutsch mit der Geschichte beschäftigt, desto leichter bleiben die französischen Wörter hängen, und bei der Beschreibung des Bildes wird Ihr Kind sie vielleicht schon verwenden.

Auch wenn Ihr Kind beginnt, französische Wörter in deutsche Sätze einzuflechten, sollten Sie es dabei unterstützen: Es ist durchaus in der Lage, Deutsch und Französisch voneinander zu unterscheiden – es probiert nur seine neu erworbenen Sprachkenntnisse aus und spielt mit der französischen Sprache.

Die einzelnen Abenteuer der Geschichte bauen aufeinander auf. Das heißt, dass die Wörter jedes Abenteuers für die folgenden Abenteuer als bekannt vorausgesetzt werden. Wenn Ihr Kind oder Sie einmal ein wichtiges Wort vergessen haben, können Sie im Register am Ende des Buches problemlos nachschlagen, auf welcher Seite das Wort zum ersten Mal vorgekommen ist. Dort finden Sie dann schnell die Übersetzung des Wortes im jeweiligen Zusammenhang. Selbstverständlich können Sie sowohl deutsche als auch französische Wörter nachschlagen.

Wenn Ihr Kind ein bestimmtes Abenteuer noch einmal hören möchte, kann es auf Seite 48 nachsehen. Dort haben wir aufgelistet, welches Abenteuer unter welchem CD-Track zu finden ist, und dort finden Sie auch den Text des Hexensongs vom Anfang des Hörspiels.

Und nun viel Spaß mit Huckla und Sorcéline!

Autorin und Verlag

Wie Huckla Hexe nach Frankreich gewirbelt wird

① Je suis Sorcéline. – Ich bin Sorcéline.
② Je suis Huckla. – Ich bin Huckla.
③ Salut! – Hallo!
④ une sorcière – eine Hexe
⑤ ici – hier
⑥ En France! – In Frankreich!
⑦ Je parle français. – Ich spreche Französisch.

Was im Park so passiert

① une branche – ein Ast
② les feuilles – die Blätter
③ sur la branche – auf dem Ast
④ Regarde! – Guck mal!
⑤ un nid – ein Nest
⑥ des oiseaux – Vögel
⑦ un merle – eine Amsel
⑧ un ver – ein Wurm
⑨ Miam! – Lecker!
⑩ Bien sûr! – Na klar!
⑪ des écureuils – Eichhörnchen
⑫ Viens! – Komm!
⑬ le parc – der Park
⑭ le chien – der Hund
⑮ Oui. – Ja.
⑯ le papillon – der Schmetterling
⑰ la mamie – die Oma
   et – und
⑱ le bébé – das Baby
   avec – mit
⑲ une fille – ein Mädchen
⑳ la mare – der Teich
㉑ des canards – Enten
㉒ des canetons – Entchen
㉓ le garçon – der Junge
   des garçons – Jungen
㉔ des poissons rouges – Goldfische
㉕ Viens, on donne à manger aux canards! – Komm, wir füttern die Enten!

Hexereien auf dem Spielplatz

1. terrain de jeux – Spielplatz
2. la balançoire – die Schaukel
3. le toboggan – die Rutsche
4. la balle – der Ball
5. Super! – Super!
6. bac à sable – Sandkasten
7. le banc – die Bank
8. la poubelle – der Mülleimer
   dans – in
9. l'herbe – das Gras
10. le vélo – das Fahrrad
11. Je peux avoir ton vélo, s'il te plaît? – Kann ich bitte dein Fahrrad haben?
    ton vélo – dein Fahrrad
    s'il te plaît – bitte
12. Merci. – Danke.
13. les enfants – die Kinder
14. Youpi! – Juchu!
15. un château – eine Burg
16. un château-trampoline – eine Hüpfburg
17. un cheval – ein Pferd
18. un joggeur – ein Jogger
19. À tes souhaits! – Gesundheit!
20. un cygne – ein Schwan

Stadtrundfahrt auf einem Schwan

① un fleuve – ein Fluss
② Au port! – Zum Hafen!
③ Attention! – Vorsicht!
④ le voilier – das Segelboot
⑤ un bateau – ein Boot
⑥ le métro – die U-Bahn
⑦ l'église – die Kirche
⑧ la fenêtre – das Fenster
⑨ le magasin – der Laden
⑩ le phare – der Leuchtturm
⑪ l'île – die Insel
⑫ de la pluie – Regen
⑬ Abracadabra … et la pluie s'en va! – Abrakadabra … und der Regen geht weg!
⑭ un parapluie – ein Regenschirm
⑮ du soleil – Sonne
⑯ huit – acht
⑰ neuf – neun
⑱ dix – zehn
⑲ la lune – der Mond
⑳ un camion – ein Lastwagen
㉑ une voiture de police – ein Polizeiauto
㉒ un camion de pompiers – ein Feuerwehrauto
㉓ une école – eine Schule
㉔ D'accord! – Okay!

Im französischen Hexenhaus

① dans le jardin – im Garten
② la cheminée – der Schornstein
③ sur le toit – auf dem Dach
④ la porte – die Tür
⑤ la cheminée – der Kamin
⑥ un poêle – ein Ofen
⑦ les toiles d'araignées – die Spinnweben
⑧ la mousse – das Moos
⑨ la table en mousse – der Moos-Tisch
⑩ la chaise – der Stuhl
⑪ le fauteuil en mousse – der Moos-Sessel
⑫ le canapé en mousse – das Moos-Sofa
⑬ la boule de cristal – die Kristallkugel
  ta – deine
⑭ ma télé – mein Fernseher
⑮ ma radio – mein Radio
  ma – mein
⑯ dans l'armoire – im Schrank
⑰ mon lecteur CD – mein CD-Spieler
⑱ un balai – ein Besen
  mon – mein
⑲ en haut – die Treppe hinauf
⑳ ma chambre – mein Schlafzimmer
㉑ lit – Bett
㉒ le hamac – die Hängematte
㉓ dormir – schlafen
  Toi? – Du?
㉔ le rat – die Ratte
㉕ frère – Bruder
㉖ sœur – Schwester
㉗ famille – Familie

Begegnung in Sorcélines Badezimmer

1. chemise de nuit – Nachthemd
2. un pyjama – ein Schlafanzug
3. la salle de bains – das Bad
4. le vampire – der Vampir
5. la salamandre – der Molch
6. les toilettes – die Toilette
7. les W.-C. – das Klo
8. le papier de toilettes – das Toilettenpapier
9. le lavabo – das Waschbecken
10. l'eau chaude – heißes Wasser
11. l'eau froide – kaltes Wasser
12. le savon – die Seife
13. la serviette – das Handtuch
14. les dents – die Zähne
15. une brosse à dents – eine Zahnbürste
16. du dentifrice – Zahnpasta
17. Bonne nuit! – Gute Nacht!
18. une douche – eine Dusche
19. une méduse – eine Qualle
20. une baignoire – eine Badewanne
21. Dors bien! – Schlaf gut!
22. le miroir – der Spiegel
23. une tête – ein Kopf
24. un crocodile – ein Krokodil
25. la bouche – der Mund

Hexereien mit Warzen und Buckel

① C'est moi. – Das bin ich.
② C'est toi. – Das bist du.
③ mon corps – mein Körper
④ le bras – der Arm
⑤ la jambe – das Bein
⑥ la main – die Hand
⑦ le pied – der Fuß
⑧ le genou – das Knie
⑨ le ventre – der Bauch
⑩ mon derrière – mein Allerwertester, mein Po
⑪ de grands orteils – große Zehen
⑫ de petits orteils – kleine Zehen
⑬ l'épaule – die Schulter
⑭ le cou – der Hals
⑮ le visage – das Gesicht
⑯ un joli nez – eine süße Nase
⑰ mes yeux – meine Augen
⑱ les oreilles – die Ohren
⑲ des cheveux roux – rote Haare
⑳ gros – dick, fett
㉑ Non! – Nein!
㉒ des verrues – Warzen
㉓ une bosse – ein Buckel
㉔ demain – morgen

Hexen, verkleidet

① mon tee-shirt – mein T-Shirt
② vert – grün
③ des chaussures rouges – rote Schuhe
④ des chaussettes – Socken
⑤ des bottes de caoutchouc – Gummistiefel
⑥ la jupe – der Rock
⑦ un pull – ein Pulli
⑧ un tablier – eine Schürze
⑨ J'ai chaud. – Ich schwitze.
⑩ un manteau – ein Mantel
⑪ une écharpe – ein Schal
⑫ des gants – Handschuhe
⑬ les bottes – die Stiefel
⑭ le collant – die Strumpfhose
⑮ un short – Shorts
⑯ un jean – Jeans
⑰ la robe jaune – das gelbe Kleid
⑱ un pantalon – eine Hose
⑲ l'anorak – der Anorak
⑳ des baskets – Turnschuhe
㉑ des poches – Taschen
㉒ Salut! – Tschüs!
㉓ le chapeau – der Hut
㉔ rouge – rot
㉕ le bonnet – die Wollmütze

Ein verzaubertes Frühstück

① un croissant – ein Hörnchen
② de la confiture – Marmelade
③ du beurre aux crapauds – Krötenbutter
④ du jus jaune – gelber Saft
⑤ des champignons vénéneux – Giftpilze
⑥ chaud – heiß
⑦ froid – kalt
⑧ des légumes – Gemüse
⑨ des biscuits – Kekse
⑩ des bananes bleues – blaue Bananen
⑪ des corn flakes – Cornflakes
⑫ du bleu – Schimmelkäse
⑬ du yaourt – Joghurt
⑭ du miel – Honig
⑮ du gâteau – Kuchen
⑯ de la baguette – Stangenweißbrot
⑰ des œufs – Eier
⑱ tricolore – dreifarbig
⑲ Je peux avoir un croissant, s'il te plaît? – Kann ich bitte ein Hörnchen haben?
⑳ quelque chose à boire – etwas zu trinken
㉑ du lait – Milch
㉒ du chocolat – Kakao
㉓ de la limonade – Limonade
㉔ de l'eau minérale – Mineralwasser
㉕ de l'eau du robinet – Leitungswasser
㉖ des céréales aux araignées – Spinnen-Müsli

Sorcélines Tiere

① les animaux – die Tiere
② le hamster – der Hamster
③ le corbeau – der Rabe
④ le requin – der Hai
　mes – meine
　tes – deine
⑤ cinquante – fünfzig
⑥ chauves-souris – Fledermäuse
⑦ des punaises – Wanzen
⑧ un serpent – eine Schlange
⑨ un crapaud – eine Kröte
⑩ des coccinelles – Käfer
⑪ un lapin blanc –
　ein weißes Kaninchen
⑫ des souris blanches –
　weiße Mäuse
　Moi? – Ich?
⑬ Pas de corbeau noir? –
　Keinen schwarzen Raben?
⑭ C'est Bruno Le Corbeau. –
　Das ist Bruno Rabe.
⑮ des araignées – Spinnen
⑯ un chat noir –
　eine schwarze Katze
⑰ l'armoire – der Kleiderschrank
⑱ un monstre noir –
　ein schwarzes Monster
⑲ la mère – die Mutter
⑳ le père – der Vater
㉑ un poisson – ein Fisch
㉒ un cafard – ein Kakerlak
㉓ mon dinosaure –
　mein Dinosaurier

Hexereien im Zoo

① au zoo – im Zoo
② éléphant – Elefant
③ ours – Bär
④ apprivoisé – zahm
⑤ chameau – Kamel
⑥ girafe – Giraffe
⑦ les ânes – die Esel
⑧ une carotte – eine Möhre
⑨ Mange! – Friss!, Iss!
⑩ Interdit de donner à manger. – Bitte nicht füttern.
⑪ un lion – ein Löwe
⑫ de la viande – Fleisch
⑬ tigre – Tiger
⑭ flamants – Flamingos
⑮ le paon – der Pfau
⑯ une mini-ferme – ein Streichelzoo
⑰ cage – Käfig
⑱ grille – Gitter
⑲ un cochon – ein Schwein
⑳ hippopotame – Nilpferd
㉑ les singes – die Affen
㉒ la clôture – der Zaun
㉓ cent – hundert

Flug über die Stadt

1. une grande roue – ein Riesenrad
2. le pont – die Brücke
3. voiture – Auto
4. taxi – Taxi
5. une moto – ein Motorrad
6. un bus – ein Bus
7. sept bus – sieben Busse
8. la tour – der Turm
9. La tour Eiffel – der Eiffelturm
10. une ambulance – ein Krankenwagen
11. un hôpital – ein Krankenhaus
12. les éboueurs – die Müllmänner
13. un train – ein Zug
14. un train bleu et blanc – ein blau-weißer Zug
15. à la gare – zum Bahnhof
16. le palais – der Palast
17. mon cousin – mein Vetter
18. le fantôme – der Geist
19. le building – das Hochhaus
20. un bateau-mouche – ein Aussichtsboot
21. Arrêtez! – Anhalten!
22. l'aéroport – der Flughafen
23. la rue – die Straße
24. un avion – ein Flugzeug

Im Café Les Araignées

① de la pizza aux crapauds –
   Krötenpizza
② des spaghettis aux araignées –
   Spinnen-Spaghetti
③ des cuisses de poulet –
   Hühnerbeine
④ des frites – Pommes
⑤ un croque-monsieur –
   ein Schinken-Käse-Toast
⑥ de bons plats – tolles Essen
⑦ Tu aimes la soupe? –
   Magst du Suppe?
⑧ Pas vraiment. – Nicht wirklich.
⑨ J'aime la pizza. – Ich mag Pizza.
⑩ des vers – Würmer
⑪ une grande pizza –
   eine große Pizza
   ou – oder
⑫ une petite pizza – eine kleine Pizza
⑬ du pain – Brot
⑭ du poison à tartiner – Streichgift
⑮ des chips – Kartoffelchips
   s'il vous plaît – bitte (Sie-Form)
⑯ pour – für
   pour moi – für mich
⑰ un poisson jaune – ein gelber Fisch
⑱ des frites bleues – blaue Pommes
⑲ du riz – Reis
⑳ Et comme dessert? –
   Und zum Nachtisch?
㉑ de la glace – Eis
㉒ des pommes mauves – lila Äpfel
㉓ du chocolat chaud –
   heiße Schokolade
㉔ du chewing-gum – Kaugummi
㉕ des biscuits au chocolat –
   Schokoladenkekse
㉖ des araignées sucrées –
   süße Spinnen

Hexenspuk unterm Dach

① ma baguette magique – mein Zauberstab
② mon livre de magie – mein Zauberbuch
③ ta formule magique – dein Zauberwort
④ une poupée – eine Puppe
⑤ des cubes – Bauklötze
⑥ une lampe – eine Lampe
⑦ Compte ! – Zähle !
⑧ un – eins
⑨ deux – zwei
⑩ trois – drei
⑪ un pirate – ein Pirat
⑫ un voleur – ein Räuber
⑬ un robot – ein Roboter
⑭ un chevalier – ein Ritter
⑮ une épée – ein Schwert
⑯ un magicien – ein Zauberer
⑰ une cape – ein Umhang
⑱ Transforme-toi en indien! – Verwandle dich in einen Indianer!
⑲ un indien – ein Indianer
⑳ une fée – eine Fee
㉑ Tu es une princesse. – Du bist eine Prinzessin.
㉒ princesse – Prinzessin
㉓ Je suis un prince. – Ich bin ein Prinz.
㉔ Viens, on joue aux cartes! – Komm, wir spielen Karten!
㉕ tour de magie – Zaubertrick

Ein Ausflug ins Weltall

① une fusée – eine Rakete
② des astronautes – Astronauten
③ On est des astronautes! – Wir sind Astronauten!
④ espace – Weltraum
⑤ six – sechs
⑥ cinq – fünf
⑦ quatre – vier
⑧ départ – Start
⑨ la terre – die Erde
⑩ un globe – ein Globus
⑪ les océans – die Ozeane
⑫ continents – Kontinente
⑬ un satellite – ein Satellit
⑭ un vaisseau spatial – ein Raumschiff
⑮ Ça mo plaît. – Es gefällt mir.
⑯ gravité – Schwerkraft
 sans – ohne
⑰ une étoile filante – eine Sternschnuppe
⑱ pas de temps – keine Zeit
⑲ nuit – Nacht
⑳ à la voie lactée – zur Milchstraße
㉑ une comète – ein Komet
㉒ une étoile – ein Stern
㉓ une planète – ein Planet
㉔ un volcan – ein Vulkan
㉕ galaxie – Galaxie
㉖ un ovni – ein UFO
㉗ des extraterrestres – Außerirdische
㉘ des Martiens – Marsmenschen

Eine Party für die Marsmenschen

① oreilles de cochon – Schweinsöhrchen
② On fait une boum! – Wir feiern eine Party!
③ Hourra! – Hurra!
④ Asseyez-vous! – Setzt euch!
⑤ On se fait un chapeau de fête! – Wir machen uns einen Partyhut!
⑥ On joue! – Wir spielen!
⑦ des ballons – Luftballons
⑧ On danse! – Wir tanzen!
⑨ musique – Musik
⑩ On boit du punch aux crapauds! – Wir trinken Krötenpunsch!
⑪ citrouilles – Kürbisse
⑫ des pailles – Strohhalme
⑬ de la salade bleue – blauer Salat
⑭ On joue à un jeu! – Wir spielen ein Spiel.
⑮ saute-mouton – Bockspringen
⑯ amie – Freundin
⑰ un cadeau – ein Geschenk
⑱ un ballon de football – ein Fußball

Mit den Marsmenschen am Strand

① à la mer – ans Meer
② des maillots de bain – Badeanzüge
③ à la plage – zum Strand
④ du sable – Sand
⑤ de gros rochers – große Felsen
⑥ des shorts bleus – blaue Shorts
⑦ un surf – ein Surfbrett
⑧ des matelas pneumatiques – Luftmatratzen
⑨ un masque – eine Taucherbrille
⑩ des palmes – Schwimmflossen
⑪ un tuba – ein Schnorchel
⑫ une combinaison – ein Schwimmanzug
⑬ la protection solaire – der Sonnenschutz
⑭ un chapeau de soleil – ein Sonnenhut
⑮ des lunettes de soleil – eine Sonnenbrille
⑯ Tire-moi! – Zieh mich!
⑰ un espadon – ein Schwertfisch
⑱ la serviette de bain – das Badetuch
⑲ une pataugeoire – ein Planschbecken
⑳ un seau – ein Eimer
㉑ une pelle – eine Schaufel
㉒ des coquillages – Muscheln
㉓ de petits galets – kleine Kieselsteine
㉔ Tu es …? – Bist du …?
   moi – ich (*betont*)
   aussi – auch
㉕ du verre – Glas
㉖ Au revoir! – Auf Wiedersehen!

Hucklas Rückkehr nach Hause

① Ça va? – Geht es dir gut?
② Ça va. – Es geht mir gut.
③ Tu voudrais rentrer à la maison? – Möchtest du wieder nach Hause?
④ Je voudrais rentrer à la maison. – Ich möchte wieder nach Hause.
⑤ un crayon – ein Bleistift
⑥ des crayons de couleur – Buntstifte
⑦ un stylo plume – ein Füller
⑧ du papier – Papier
⑨ une règle – ein Lineal
⑩ des craies grasses – Wachsmalstifte
⑪ chez moi – bei mir zu Hause
⑫ une immense cuisine – eine riesige Küche
⑬ une chambre – ein Schlafzimmer
⑭ une immense salle de séjour – ein riesiges Wohnzimmer
⑮ heureux – glücklich
⑯ écrire – schreiben
⑰ nouveau – neu
⑱ un tableau – eine Tafel
⑲ un long voyage – eine lange Reise
⑳ C'était … – Es war …
㉑ un portable – ein Handy
sorcéline@hexmail.org

Wie Huckla wieder nach Hause kommt

① avec toi – mit dir
② À bientôt! – Bis bald!
③ crêpes – dünne Pfannkuchen
④ Bon appétit! – Guten Appetit!

Register

In diesem Register findest du alle Wörter und Sätze aus den Abenteuern. Wir haben die Wörter immer so aufgeschrieben, wie sie im Abenteuer vorkommen. Hinter den Wörtern steht, auf welcher Seite du die Bedeutung finden kannst. Dort versteckt sich ein einzelnes Wort manchmal in einem Satz – aber wenn du genau hinsiehst, findest du die Wörter bestimmt.

Französisch – Deutsch

à 11, 25, 27, 33, 37, 39
   à la gare 27
   à la mer 37
   à la plage 37
   à la voie lactée 33
   Au port! 11
   au zoo 25
   Je voudrais rentrer à la maison. 39
   Tu voudrais rentrer à la maison? 39
À bientôt! 41
À tes souhaits! 9
Abracadabra ... et la pluie s'en va! 11
l'aéroport 27
une ambulance 27
amie 35
les ânes 25
les animaux 23
l'anorak 19
apprivoisé 25
des araignées 21, 23, 29
   des araignées sucrées 29
   des céréales aux araignées 21
   des spaghettis aux araignées 29
l'armoire 13, 23
   dans l'armoire 13
Arrêtez! 27
Asseyez-vous! 35
des astronautes 33
   On est des astronautes! 33
Attention! 11
Au revoir! 37
aussi 37
avec 7, 41
   avec toi 41
un avion 27

bac à sable 9
de la baguette 21
ma baguette magique 31
une baignoire 15
un balai 13
la balançoire 9
la balle 9
un ballon de football 35
des ballons 35
des bananes 21
   des bananes bleues 21
le banc 9
des baskets 19
un bateau 11, 27
   un bateau-mouche 27
le bébé 7
du beurre 21
   du beurre aux crapauds 21
Bien sûr! 7
des biscuits 21, 29
   des biscuits au chocolat 29
blanc 23, 27
   des souris blanches 23
   un train bleu et blanc 27
du bleu 21

bleu 21, 27, 29, 35, 37
   de la salade bleue 35
   des bananes bleues 21
   des frites bleues 29
   des shorts bleus 37
   un train bleu et blanc 27
Bon appétit! 41
Bonne nuit! 15
le bonnet 19
de bons plats 29
une bosse 17
les bottes 19
   des bottes de caoutchouc 19
la bouche 15
la boule de cristal 13
une boum 35
   On fait une boum! 35
une branche 7
   sur la branche 7
le bras 17
une brosse à dents 15
le building 27
un bus 27
   sept bus 27

Ça me plaît. 33
Ça va. 39
Ça va? 39
un cadeau 35
un cafard 23
cage 25
un camion 11
   un camion de pompiers 11
le canapé 13
   le canapé en mousse 13
des canards 7
   Viens, on donne à manger aux canards! 7
des canetons 7
une cape 31
une carotte 25
les cartes 31
   Viens, on joue aux cartes ! 31
cent 25
des céréales aux araignées 21
C'est ... 17, 23
   C'est Bruno Le Corbeau. 23
   C'est moi. 17
   C'est toi. 17
c'était 39
la chaise 13
une chambre 13, 39
   ma chambre 13
chameau 25
des champignons vénéneux 21
le chapeau 19, 35, 37
   On se fait un chapeau de fête! 35
   un chapeau de soleil 37
un chat 23
   un chat noir 23
un château 9
   un château-trampoline 9
chaud 15, 19, 21, 29
   du chocolat chaud 29
   J'ai chaud. 19
   l'eau chaude 15
des chaussettes 19

des chaussures 19
   des chaussures rouges 19
chauves-souris 23
la cheminée 13
chemise de nuit 15
un cheval 9
un chevalier 31
des cheveux 17
   des cheveux roux 17
du chewing-gum 29
chez moi 39
le chien 7
des chips 29
du chocolat 21, 29
   du chocolat chaud 29
   des biscuits au chocolat 29
cinq 33
cinquante 23
citrouilles 35
la clôture 25
des coccinelles 23
un cochon 25
le collant 19
une combinaison 37
une comète 33
Compte ! 31
de la confiture 21
continents 33
des coquillages 37
le corbeau 23
des corn flakes 21
le corps 17
   mon corps 17
le cou 17
le cousin 27
   mon cousin 27
des craies grasses 39
un crapaud 21, 23, 29, 35
   de la pizza aux crapauds 29
   du beurre aux crapauds 21
   On boit du punch aux crapauds! 35
un crayon 39
   des crayons de couleur 39
crêpes 41
un crocodile 15
un croissant 21
   Je peux avoir un croissant, s'il te plaît? 21
un croque-monsieur 29
des cubes 31
une cuisine 39
   une immense cuisine 39
des cuisses de poulet 29
un cygne 9

D'accord! 11
dans 9, 13
   dans l'armoire 13
   dans le jardin 13
demain 17
du dentifrice 15
les dents 15
départ 33
le derrière 17
   mon derrière 17
le dessert 29
   Et comme dessert? 29

deux   31
le **dinosaure**   23
   mon **dinosaure**   23
dix   11
dormir   13
   Dors bien!   15
une **douche**   15

l'**eau**   15, 21
   de l'**eau** du robinet   21
   de l'**eau** minérale   21
   l'**eau** chaude   15
   l'**eau** froide   15
les **éboueurs**   27
une **écharpe**   19
une **école**   11
écrire   39
des **écureuils**   7
l'**église**   11
éléphant   25
En **France**!   5
en **haut**   13
les **enfants**   9
l'**épaule**   17
une **épée**   31
espace   33
un **espadon**   37
et   7, 27, 29
   Et comme dessert?   29
   un train bleu **et** blanc   27
une **étoile**   33
   une **étoile** filante   33
des **extraterrestres**   33

famille   13
le **fantôme**   27
le **fauteuil**   13
   le **fauteuil** en mousse   13
une **fée**   31
la **fenêtre**   11
les **feuilles**   7
une **fille**   7
flamants   25
un **fleuve**   11
la **formule magique**   31
   ta **formule magique**   31
français   5
   Je parle **français**.   5
France   5
   En **France**!   5
frère   13
des **frites**   29
   des **frites** bleues   29
froid   15, 21
   l'eau **froide**   15
une **fusée**   33

galaxie   33
des **galets**   37
   de petits **galets**   37
des **gants**   19
le **garçon**   7
   des **garçons**   7
gare   27
   à la **gare**   27
du **gâteau**   21
le **genou**   17
girafe   25
de la **glace**   29
un **globe**   33
grand   17, 27, 29
   de **grands** orteils   17
   une **grande** pizza   29
   une **grande** roue   27
gravité   33
grille   25

gros   17, 37
   de **gros** rochers   37
le **hamac**   13
le **hamster**   23
l'**herbe**   7
heureux   39
hippopotame   25
un **hôpital**   27
Hourra!   35
huit   11

ici   5
l'**île**   11
immense   39
   une **immense** cuisine   39
   une **immense** salle de séjour   39
un **indien**   31
   Transforme-toi en **indien**!   31
Interdit de donner à manger.   25

J'ai **chaud**.   19
J'aime ...   29
   J'aime la pizza.   29
la **jambe**   17
le **jardin**   13
   dans le **jardin**   13
jaune   19, 21, 29
   du jus **jaune**   21
   la robe **jaune**   19
   un poisson **jaune**   29
Je parle français.   5
Je peux avoir ...   9, 21
   Je peux avoir ton vélo, s'il te plaît?   9
   Je peux avoir un croissant, s'il te plaît?   21
Je suis ...   5, 31, 39
   Je suis Huckla.   5
   Je suis Sorcéline.   5
   Je suis un prince.   31
Je voudrais ...   39
   Je voudrais rentrer à la maison.   39
un **jean**   19
un **jeu**   35
   On joue à un **jeu**!   35
un **joggeur**   9
joli   17
   un **joli** nez   17
la **jupe**   19
du **jus**   21
   du **jus** jaune   21

du **lait**   21
une **lampe**   31
un **lapin** blanc   23
le **lavabo**   15
le **lecteur CD**   13
   mon **lecteur CD**   13
des **légumes**   21
de la **limonade**   21
un **lion**   25
lit   13
le **livre**   31
   mon **livre** de magie   31
long   39
   un **long** voyage   39
la **lune**   33
des **lunettes** de soleil   37

ma   13, 31
   ma baguette magique   31
   ma chambre   13
   ma radio   13
   ma télé   13
le **magasin**   11
un **magicien**   31

des **maillots de bain**   37
la **main**   17
maison   39
   Je voudrais rentrer à la **maison**.   39
   Tu voudrais rentrer à la **maison**?   39
la **mamie**   7
manger   7, 25
   Interdit de donner à **manger**.   25
   Mange!   25
   Viens, on donne à **manger** aux canards!   7
un **manteau**   19
la **mare**   7
des **Martiens**   33
un **masque**   37
des **matelas** pneumatiques   37
mauve   29
   des pommes **mauves**   29
une **méduse**   15
la **mer**   37
   à la **mer**   37
Merci.   9
la **mère**   23
un **merle**   7
mes   17, 23
   mes yeux   17
le **métro**   11
Miam!   7
du **miel**   21
une **mini-ferme**   25
le **miroir**   15
moi   17, 23, 29, 37, 39
   chez **moi**   39
   C'est **moi.**   17
   Moi?   23
   pour **moi**   29
mon   13, 17, 19, 23, 27, 31
   mon corps   17
   mon cousin   27
   mon derrière   17
   mon dinosaure   23
   mon lecteur CD   13
   mon livre de magie   31
   mon tee-shirt   19
un **monstre**   23
   un **monstre** noir   23
une **moto**   27
la **mousse**   13
   le canapé en **mousse**   13
   le fauteuil en **mousse**   13
   la table en **mousse**   13
musique   35

neuf   11
un **nez**   17
   un joli **nez**   17
un **nid**   7
noir   23
   un chat **noir**   23
   un monstre **noir**   23
Non!   17
nouveau   39
nuit   33

les **océans**   33
des **œufs**   21
des **oiseaux**   7

on 7, 31, 33, 35
    On boit du punch aux crapauds! 35
    On danse! 35
    On est des astronautes! 33
    On fait une boum! 35
    On joue à un jeu! 35
    On joue! 35
    On se fait un chapeau de fête! 35
    Viens, on donne à manger aux canards! 7
    Viens, on joue aux cartes ! 31
les **oreilles** 17, 35
    oreilles de cochon 35
des **orteils** 17
    de grands orteils 17
    de petits orteils 17
ou 29
Oui. 7
ours 25
un **ovni** 33

des **pailles** 35
du **pain** 29
le **palais** 27
des **palmes** 37
un **pantalon** 19
le **paon** 25
du **papier** 15, 39
    le papier de toilettes 15
le **papillon** 7
un **parapluie** 11
le **parc** 7
pas de 23, 33
    Pas de corbeau noir? 23
Pas vraiment. 29
une **pataugeoire** 37
une **pelle** 37
le **père** 23
petit 17, 29, 37
    de petits galets 37
    de petits orteils 17
    une petite pizza 29
le **phare** 11
le **pied** 17
un **pirate** 31
pizza 29
    de la pizza aux crapauds 29
    J'aime la pizza. 29
    une grande pizza 29
    une petite pizza 29
la **plage** 37
    à la plage 37
une **planète** 33
de la **pluie** 11
des **poches** 19
un **poêle** 13
du **poison à tartiner** 29
un **poisson** 7, 23, 29
    des poissons rouges 7
    un poisson jaune 29
des **pommes** 29
    des pommes mauves 29
le **pont** 27
port 11
    Au port! 11
un **portable** 39
la **porte** 13
la **poubelle** 9
une **poupée** 31
pour 29
    pour moi 29
prince 31
    Je suis un prince. 31
princesse 31
    Tu es une princesse. 31
la **protection solaire** 37

un **pull** 19
des **punaises** 23
le **punch** 35
    On boit du punch aux crapauds! 35
un **pyjama** 15

quatre 33
quelque chose à boire 21

la **radio** 13
    ma radio 13
le **rat** 13
Regarde! 7
une **règle** 39
le **requin** 23
du **riz** 29
la **robe** 19
    la robe jaune 19
un **robot** 31
des **rochers** 37
    de gros rochers 37
une **roue** 27
    une grande roue 27
rouge 7, 19
    des poissons rouges 7
la **rue** 27

du **sable** 37
la **salade** 35
    de la salade bleue 35
la **salamandre** 15
la **salle de bains** 15
une **salle de séjour** 39
    une immense salle de séjour 39
Salut! 5, 19
sans 33
un **satellite** 33
saute-mouton 35
le **savon** 15
un **seau** 37
sept bus 27
un **serpent** 23
la **serviette** 15, 37
    la serviette de bain 37
un **short** 19, 37
    des shorts bleus 37
s'il te plaît 9
    Je peux avoir ton vélo, s'il te plaît? 9
    Je peux avoir un croissant, s'il te plaît? 21
s'il vous plaît 29
les **singes** 25
six 33
sœur 13
du **soleil** 11
une **sorcière** 5
la **soupe** 29
    Tu aimes la soupe? 29
des **souris blanches** 23
des **spaghettis aux araignées** 29
un **stylo plume** 39
Super! 9
sur 7, 13
    sur la branche 7
    sur le toit 13
un **surf** 37

ta 13, 31
    ta formule magique 31
la **table** 13
    la table en mousse 13
un **tableau** 39
un **tablier** 19
taxi 27
le **tee-shirt** 19
    mon tee-shirt 19

la **télé** 13
    ma télé 13
le **temps** 33
terrain de jeux 9
la **terre** 33
tes 23
une **tête** 15
tigre 25
Tire-moi! 37
le **toboggan** 9
toi 13, 17, 41
    Toi? 13
    avec toi 41
    C'est toi. 17
les **toiles d'araignées** 13
les **toilettes** 15
    le papier de toilettes 15
le **toit** 13
    sur le toit 13
ton 9
    ton vélo 9
    Je peux avoir ton vélo, s'il te plaît? 9
la **tour** 27
    la Tour Eiffel 27
tour de magie 31
un **train** 27
un **train bleu et blanc** 27
Transforme-toi en indien ! 31
tricolore 21
trois 31
Tu aimes ... 29
    Tu aimes la soupe? 29
Tu es ...? 37
    Tu es une princesse. 31
Tu voudrais ... 39
    Tu voudrais rentrer à la maison? 39
un **tuba** 37

un 31

un **vaisseau spatial** 33
le **vampire** 15
le **vélo** 9
    Je peux avoir ton vélo, s'il te plaît? 9
le **ventre** 17
un **ver** 7
du **verre** 37
des **verrues** 17
des **vers** 29
vert 19
de la **viande** 25
Viens! 7, 31
    Viens, on donne à manger aux canards! 7
    Viens, on joue aux cartes ! 31
le **visage** 17
la **voie lactée** 33
    à la voie lactée 33
le **voilier** 11
voiture 11, 27
    une voiture de police 11
un **volcan** 33
un **voleur** 31
un **voyage** 39
    un long voyage 39

les **W.-C.** 15

du **yaourt** 21
les **yeux** 17
    mes yeux 17
Youpi! 9

zoo 25
    au zoo 25

Deutsch – Französisch

Abrakadabra … und der Regen geht weg! 11
acht 11
Affen 25
Allerwertester 17
Amsel 7
Anhalten! 27
Anorak 19
Äpfel 29
   lila Äpfel 29
Arm 17
Ast 7
   auf dem Ast 7
Astronauten 33
   Wir sind Astronauten. 33
auch 37
auf 7, 13
   auf dem Ast 7
   auf dem Dach 13
Auf Wiedersehen! 37
Augen 17
Aussichtsboot 27
Außerirdische 33
Auto 27

Baby 7
Bad 15
Badeanzüge 37
Badetuch 37
Badewanne 15
Bahnhof 27
   zum Bahnhof 27
Ball 9
Bananen 21
   blaue Bananen 21
Bank 9
Bär 25
Bauch 17
Bauklötze 31
Bein 17
Besen 13
Bett 13
bei 39
   bei mir zu Hause 39
Bis bald! 41
Bist du …? 37
bitte 9, 25
   Bitte nicht füttern! 25
Blätter 7
blau 21, 29, 35, 37
   blaue Bananen 21
   blaue Pommes 29
   blauer Salat 35
   blaue Shorts 37
Bleistift 39
Bockspringen 35
Boot 11
Brot 29
Brücke 27
Bruder 13
Buckel 17
Buntstifte 39
Burg 9
Bus 27
Busse 27
   sieben Busse 27
Butter 21
   Krötenbutter 21

CD-Spieler 13
   mein CD-Spieler 13
Cornflakes 21

Dach 13
   auf dem Dach 13
Danke. 9
Das bin ich. 17
Das bist du. 17
Das ist … 23
   Das ist Bruno Rabe. 23
dein 9, 31
   dein Fahrrad 9
   dein Zauberwort 31
deine 13, 23
dick 17
die Treppe hinauf 13
Dinosaurier 23
drei 31
dreifarbig 21
du 13, 17
   Das bist du. 17
Du bist … 31
   Du bist eine Prinzessin. 31
Dusche 15

Eichhörnchen 7
Eier 21
Eiffelturm 27
Eimer 37
eins 31
Eis 29
Elefant 25
Entchen 7
Enten 7
   Komm, wir füttern die Enten! 7
Erde 33
Es gefällt mir! 33
Es geht mir gut. 39
es war 39
Esel 25
Essen 29
   tolles Essen 29
etwas zu trinken 21

Fahrrad 9
   dein Fahrrad 9
   Kann ich bitte dein Fahrrad haben? 9
Familie 13
Fee 31
feiern 35
   Wir feiern eine Party! 35
Felsen 37
   große Felsen 37
Fenster 11
Fernseher 13
   mein Fernseher 13
fett 17
Feuerwehrauto 11
Fisch 23
   gelber Fisch 29
Flamingos 25
Fledermäuse 23
Fleisch 25
Flughafen 27
Flugzeug 27
Fluss 11
Frankreich 5
   in Frankreich! 5
französisch 5
   Ich spreche Französisch. 5
Freundin 35
Friss!, Iss! 25
Füller 39
fünf 33
fünfzig 23
für 29
   für mich 29
Fuß 17
Fußball 35

füttern 7, 25
   Bitte nicht füttern! 25
   Komm, wir füttern die Enten! 7

Galaxie 33
Garten 13
   im Garten 13
Geht es dir gut? 39
Geist 27
gelb 19, 21, 29
   das gelbe Kleid 19
   gelber Fisch 29
   gelber Saft 21
Gemüse 21
Geschenk 35
Gesicht 17
Gesundheit! 9
Giftpilze 29
Giraffe 25
Gitter 25
Glas 37
Globus 33
glücklich 39
Goldfische 7
Gras 9
groß 17, 29, 37
   große Felsen 37
   große Pizza 29
   große Zehen 17
grün 19
Guck mal! 7
Gummistiefel 19
gut 15, 39, 41
Gute Nacht! 15
Guten Appetit! 41

Haare 17
   rote Haare 17
Hafen 11
   zum Hafen 11
Hai 23
Hallo! 5
Hals 17
Hamster 23
Hand 17
Handschuhe 19
Handtuch 15
Handy 39
Hängematte 13
heiß 15, 21, 29
   heiße Schokolade 29
   heißes Wasser 15
Hexe 5
hier 5
Hochhaus 27
Honig 21
Hörnchen 21
   Kann ich bitte ein Hörnchen haben? 21
Hose 19
Hühnerbeine 29
Hund 7
hundert 25
Hüpfburg 9
Hurra! 35
Hut 19

ich (betont) 37
   Das bin ich. 17
Ich? 23
   Ich bin … 5, 31
   Ich bin ein Prinz. 31
   Ich bin Huckla. 5
   Ich bin Sorcéline. 5
Ich mag … 29
   Ich mag Pizza. 29
Ich möchte wieder nach Hause. 39

Ich schwitze. 19
Ich spreche Französisch 5
in 9
    im Garten 13
    im Schrank 13
    im Zoo 25
    In Frankreich! 5
Indianer 31
    Verwandle dich in einen Indianer. 31
Insel 11

Ja. 7
Jeans 19
Jogger 9
Joghurt 21
Juchu! 9
Junge 7
Jungen 7

Käfer 23
Käfig 25
Kakao 21
Kakerlak 23
kalt 21
    kaltes Wasser 15
Kamel 25
Kamin 13
Kaninchen 23
    ein weißes Kaninchen 23

Kann ich ...? 9, 21
    Kann ich bitte dein Fahrrad haben? 9
    Kann ich bitte ein Hörnchen haben? 21
Karten 31
    Karten spielen 31
    Komm, wir spielen Karten. 31
Kartoffelchips 29
Katze 23
    eine schwarze Katze 23
Kaugummi 29
Kein, keine ... 23
    Keinen schwarzen Raben? 23
Kekse 21
Kieselsteine 37
    kleine Kieselsteine 37
Kinder 9
Kirche 11
Kleid 19
    das gelbe Kleid 19
Kleiderschrank 23
klein 17, 29, 37
    kleine Kieselsteine 37
    kleine Pizza 29
    kleine Zehen 17
Klo 15
Knie 17
Komet 33
Komm! 7
Komm, wir ... 7, 31
    Komm, wir füttern die Enten! 7
    Komm, wir spielen Karten. 31
Kontinente 33
Kopf 15
Körper 17
Krankenhaus 27
Krankenwagen 27
Kristallkugel 13
Krokodil 15
Kröte 23

Krötenbutter 21
Krötenpizza 29
Krötenpunsch 35
    Wir trinken Krötenpunsch! 35
Küche 39
    eine riesige Küche 39
Kuchen 21
Kürbisse 35

Laden 11
Lampe 31
lang 39
    eine lange Reise 39
Lastwagen 11
Lecker! 7
Leitungswasser 21
Leuchtturm 11
lila 29
    lila Äpfel 29
Limonade 21
Lineal 39
Löwe 25
Luftballons 35
Luftmatratzen 37

machen 35
    Wir machen uns einen Partyhut! 35
Mädchen 7
Magst du ...? 29
    Magst du Suppe? 29
Mantel 19
Marmelade 21
Marsmenschen 33
Mäuse 23
    weiße Mäuse 23

Meer 37
mein 13
    mein Allerwertester 17
    mein CD-Spieler 13
    mein Dinosaurier 23
    mein Fernseher 13
    mein Körper 17
    mein Radio 13
    mein Schlafzimmer 13
    mein T-Shirt 19
    mein Vetter 27
    mein Zauberbuch 31
    mein Zauberstab 31
meine 23
    meine Augen 17
Milch 21
Milchstraße 33
Mineralwasser 21
mit 7, 41
    mit dir 41
Möhre 25
Molch 15
Mond 11
Monster 23
    ein schwarzes Monster 23
Moos 13
    Moos-Sessel 13
    Moos-Sofa 13
    Moos-Tisch 13
morgen 17
Motorrad 27
Mülleimer 9
Müllmänner 27
Mund 15
Muscheln 37

Musik 35
Müsli 21
    Spinnen-Müsli 21
Mutter 23

Na klar! 7
nach Hause 39
    Ich möchte wieder nach Hause. 39
    Möchtest du wieder nach Hause? 39
Nacht 33
Nachthemd 15
Nachtisch 29
    Und zum Nachtisch? 29
Nase 17
    eine süße Nase 17
Nein! 17
Nest 7
neu 39
neun 11
Nicht wirklich. 29
Nilpferd 25

oder 29
Ofen 13
ohne 33
Ohren 17
Okay! 11
Oma 7
Ozeane 33

Palast 27
Papier 39
Park 7
Party 35
    Wir feiern eine Party! 35
Partyhut 35
    Wir machen uns einen Partyhut! 35
Pfannkuchen 41
Pfau 25

Pferd 9
Pirat 31
Pizza 29
    eine große Pizza 29
    eine kleine Pizza 29
    Ich mag Pizza. 29
    Krötenpizza 29
Planet 33
Planschbecken 37
Po 17
Polizeiauto 11
Pommes 29
    blaue Pommes 29
Prinzessin 31
    Du bist eine Prinzessin. 31
Prinz 31
    Ich bin ein Prinz. 31
Pulli 19
Punsch 35
    Wir trinken Krötenpunsch! 35
Puppe 31

Qualle 15

Rabe 23
    Keinen schwarzen Raben? 23
Radio 13
Rakete 33
Ratte 13
Räuber 31
Raumschiff 33
Regen 11
    Abrakadabra … und der Regen geht weg! 11
Regenschirm 11
Reis 29
Reise 39
    eine lange Reise 39
Riesenrad 27
riesig 39
    eine riesige Küche 39
    ein riesiges Wohnzimmer 39
Ritter 31
Roboter 31
Rock 19
rot 17, 19, 27
    rote Haare 17
    rote Schuhe 19
Rutsche 9

Saft 21
    gelber Saft 21
Salat 35
    blauer Salat 35
Sand 37
Sandkasten 9
Satellit 33
Schal 19
Schaufel 37
Schaukel 9
Schimmelkäse 21
Schinken-Käse-Toast 29
Schlaf gut! 15
Schlafanzug 19
schlafen 13
Schlafzimmer 13, 39
Schlange 23
Schmetterling 7
Schnorchel 37
Schokolade 29
    heiße Schokolade 29
Schokoladenkekse 29
Schornstein 13
Schrank 13
    im Schrank 13
schreiben 39
Schuhe 19
    rote Schuhe 19
Schule 11
Schulter 17
Schürze 19
Schwan 9
schwarz 23
    eine schwarze Katze 23
    ein schwarzes Monster 23
    Keinen schwarzen Raben? 23
Schwein 25
Schweinsöhrchen 35
Schwerkraft 33
Schwert 31
Schwertfisch 37
Schwester 13
Schwimmanzug 37
Schwimmflossen 37
schwitzen 19
    Ich schwitze. 19
sechs 33
Segelboot 11
Seife 15
Sessel 13

Moos-Sessel 13
Setzt euch. 35
Shorts 19, 37
    blaue Shorts 37
sieben 27
    sieben Busse 27
Socken 19
Sofa 13
Sonne 11
Sonnenbrille 37
Sonnenhut 37
Sonnenschutz 37
Spaghetti 29
    Spinnen-Spaghetti 29
Spiegel 15
Spiel 35
    Wir spielen ein Spiel! 35
spielen 31, 35
    Komm, wir spielen Karten. 31
    Wir spielen! 35
    Wir spielen ein Spiel! 35
Spielplatz 9
Spinnen 23
    Spinnen-Müsli 21
    Spinnen-Spaghetti 29
    süße Spinnen 29
Spinnweben 13
sprechen 5
    Ich spreche Französisch. 5
Stangenweißbrot 21
Start 33
Stern 33
Sternschnuppe 33
Stiefel 19
Strand 37
Straße 27
Streichelzoo 25
Streichgift 29
Strohhalme 35
Strumpfhose 19
Stuhl 13
Super! 9
Suppe 29
    Magst du Suppe? 29
Surfbrett 37
süß 29
    eine süße Nase 17
    süße Spinnen 29

Tafel 39
tanzen 35
    Wir tanzen! 35
Taschen 19
Taucherbrille 37
Taxi 27
Teich 7
Tiere 25
Tiger 25
Tisch 13
Toilette 15
Toilettenpapier 15
trinken 35
    Wir trinken Krötenpunsch! 35

Tschüs! 19
T-Shirt 19
Tür 13
Turm 27
Turnschuhe 19

U-Bahn 11
UFO 33
Umhang 31
und 7
    Und zum Nachtisch? 29

Vampir 15
Vater 23
Verwandle dich in … 31
    Verwandle dich in einen Indianer. 31
Vetter 27
vier 33
Vögel 7
Vorsicht! 11
Vulkan 33

Wachsmalstifte 39
Wanzen 23
Warzen 17
Waschbecken 15
Wasser 15
    kaltes Wasser 15
    heißes Wasser 15
weiß 23
    ein weißes Kaninchen 23
    weiße Mäuse 23
Weltraum 33
Wir … 35
    Wir feiern eine Party! 35
    Wir machen uns einen Partyhut! 35
    Wir spielen! 35
    Wir spielen ein Spiel! 35
    Wir tanzen! 35
    Wir trinken Krötenpunsch! 35
Wir sind … 33
    Wir sind Astronauten. 33
Wollmütze 19
Wurm 7
Würmer 29

Zähle! 31
zahm 25
Zahnbürste 15
Zähne 15
Zahnpasta 15
Zauberbuch 31
Zauberer 31
Zauberstab 31
Zaubertrick 31
Zauberwort 31
Zaun 25
Zehen 17
    große Zehen 17
    kleine Zehen 17
zehn 11
Zeit 33
Zieh mich! 37
Zoo 25
    im Zoo 25
zu 25
    zu Hause 39
    zum Bahnhof 27
    zum Hafen 11
    zum Strand 37
    zur Milchstraße 33
Zug 27
    ein blau-weißer Zug 27
zwei 31

Tonaufnahmen: Eimsbütteler Tonstudio, Hamburg
Huckla: Andrea Palasciano
Sorcéline: Lenaigh Dupont
Erzähler: Wolfgang Kaven
und außerdem: Lina Bugaghis, Jasmin Houchee, Olivia Kähne, Alexis Quint, Babette Quint, Jeremy Quint

Hexensong

Rote Haare und ein Besen,
welch ein zauberhaftes Wesen!
Eine Hexe - ist doch klar!
Sie heißt Huckla und erlebt,
wie Hexerei in Frankreich geht.

Huckla will nach Hause fliegen,
muss auf ihrem Besen liegen.
In den Wolken tobt ein Sturm,
der sie wirbelnd - alles bebt -
in ein fremdes Land verweht.

Abracadabara
Hokus Pokus Zauberei
dreimal grüner Hexenkuss
Huckla sieht so allerlei:
wie aus dem Sandberg
ein Pferd gezaubert wird
und wie man ganz ohne Angst
ins riesen Weltall schwirrt.

Huckla hört die Vögel singen,
die nicht wie zu Hause klingen.
Sie hängt auf 'nem Baum.
Gegenüber sieht sie dann
eine Hexe, die Französisch kann.

Im Café Les Araignées
bestellen die beiden Hexen
grünes Streichgift, ach du je,
blaue Pommes und noch mehr -
Eis am Stil gibt's zum Dessert.

Abracadabara
Hokus Pokus Zauberei
dreimal grüner Hexenkuss
Huckla sieht so allerlei:
wie aus dem Sandberg
ein Pferd gezaubert wird
und wie man ganz ohne Angst
ins riesen Weltall schwirrt.

Gesang: Robin Wüstenberg, Michael Reffi
Komposition und Arrangement: Fabian Küttner
Voicing: Michael Reffi
Text: Anja Küttner

Hier findet ihr sofort das Abenteuer, das ihr hören wollt:

CD 1
1 Hexensong 1
2 Wie Huckla Hexe nach Frankreich gewirbelte wird
3 1. Abenteuer: Was im Park so passiert
4 2. Abenteuer: Hexereien auf dem Spielplatz
5 3. Abenteuer: Stadtrundfahrt auf einem Schwan
6 4. Abenteuer: Im französischen Hexenhaus
7 5. Abenteuer: Begegnung in Sorcélines Badezimmer
8 6. Abenteuer: Hexereien mit Warzen und Buckel
9 7. Abenteuer: Hexen, verkleidet
10 8. Abenteuer: Ein verzaubertes Frühstück
11 9. Abenteuer: Sorcélines Haustiere

CD 2
1 10. Abenteuer: Hexereien im Zoo
2 11. Abenteuer: Flug über die Stadt
3 12. Abenteuer: Im Café Les Araignées
4 13. Abenteuer: Hexenspuk unterm Dach
5 14. Abenteuer: Ein Ausflug ins Weltall
6 15. Abenteuer: Eine Party für die Marsmenschen
7 16. Abenteuer: Mit den Marsmenschen am Strand
8 17. Abenteuer: Hucklas Rückkehr nach Hause
9 Wie Huckla wieder nach Hause kommt

Englisch – keine Hexerei
Liebevoll illustriertes Buch plus Hörspiel
auf 2 Audio-CDs
ISBN 978-3-468-20376-3

Französisch – keine Hexerei
ISBN 978-3-468-20366-4

Spuk im Hexenhaus
Neue spannende Hexen-Abenteuer
ISBN 978-3-468-20372-5

Neue Englisch-Hexereien
ISBN 978-3-468-20374-9

**Malen, Rätseln, Englisch lernen
mit Hexe Huckla**
Lustiges Spiel-, Bastel- und Malbuch
mit den kleinen Hexen
ISBN 978-3-468-20365-7

**Englisch mit Hexe Huckla
The Magic CD-ROM**
Viele Spiele und tolle Songs sorgen
für Hexenspaß am Computer
ISBN 978-3-468-20461-6

Spielend Sprachen lernen

Englisch mit Ritter Rost – The Rusty King
Der beliebte Kinderbuchheld jetzt als
Englisch-Lehrer für Kinder
ISBN 978-3-468-20368-8

Englisch mit Ritter Rost – The Rusty Movie
ISBN 978-3-468-20369-5

**Englisch mit Hexe Huckla
Das Musical**
Tolle Songs mit Hexe Huckla und
ihren Freunden
ISBN 978-3-468-20460-9

mit Langenscheidt

Grundschulwörterbuch Englisch mit Audio-CD
Bunt illustriertes Wörterbuch
mit 1.000 Wörtern
ISBN 978-3-468-20411-1

Grundschulwörterbuch Französisch
ISBN 978-3-468-20420-3

**Langenscheidt
Englisch – tierisch leicht**
Eine witzige Geschichte zum Englischlernen
Buch + 1 Audio-CD
ISBN 978-3-468-20425-8

Schwuppdiwupp Englisch lernen
Mit lustigen Spielen Englisch lernen
ISBN 978-3-468-20463-0

Langenscheidt
...weil Sprachen verbinden

Infos & mehr
www.langenscheidt.de/kids
www.hexe-huckla.de